Mit Leib und Seele

Rudolf Steiner

MIT LEIB UND SEELE

Himmelfahrt und Pfingsten
im Streben nach dem Geist

Der Wortlaut der in den *Rudolf Steiner Ausgaben* gedruckten Vorträge Rudolf Steiners geht auf die ursprünglichen Klartextnachschriften und Erstdrucke zurück, unter Berücksichtigung der danach erfolgten Veröffentlichungen.

5. Auflage 2024

Herausgeber: Rudolf Steiner Ausgaben
(Monika Grimm, Bad Liebenzell)
Redaktion: Pietro Archiati, Bad Liebenzell
Korrektorat: Ute von Herrmann, Stuttgart

ISBN: 978-3-86772-164-6

Rudolf Steiner Ausgaben e. K.
Burghaldenweg 37 · D-75378 Bad Liebenzell
Telefon: (07052) 935284 · Telefax: (07052) 934809
anfrage@rudolfsteinerausgaben.com
www.rudolfsteinerausgaben.com

Inhalt

ANHANG

* * *

Liebe Leserin, lieber Leser!

«Mit Leib und Seele» – was hat das mit Himmelfahrt und Pfingsten zu tun?

«Himmelfahrt» ist die Versuchung der *Seele,* weg von der Erde den Himmel finden zu wollen. Dies geschieht, weil im Zeitalter des Materialismus der *Leib* des Menschen sich immer mehr in die toten Kräfte der Erde verstrickt.

Der Christus rettet beide – Leib und Seele –, indem er der Seele hilft, körpertreu zu bleiben und nicht die Erde zu verlassen, und dem Leib die Kraft gibt, seelentreu zu bleiben und der Erde nicht zu verfallen. Pfingsten wird immer dann gefeiert, wenn Leib und Seele sich im Streben nach dem Geist vereinigen.

Und was haben die erhabene Himmelfahrt und das altehrwürdige Pfingstfest mit der nüchternen Wirklichkeit zu tun, die gerade jetzt alle Menschen beschäftigt – mit der Impfung gegen den Corona-Virus?

Die Antwort der Geisteswissenschaft lautet: Himmelfahrt und Pfingsten sind eine *geistige Impfung* für Leib und Seele, die der Mensch nur in Freiheit in Anspruch nehmen kann. Um aber eine freie Wahl zu ermöglichen, muss es auch eine *körperliche Impfung* geben, die die Seele immer mehr dem Körper entfremdet und den Körper immer irdischer macht. Gäbe es die freie geistige Impfung nicht, würde sich auch die körperliche Impfung erübrigen.

So gesehen scheint uns dieser Vortrag von Rudolf Steiner gerade heute so aktuell und lebenswichtig wie nur möglich. Nicht nur zur Ehre der Anthroposophie, nicht nur zur Ehrenrettung des Christentums, sondern vor allem zur Rettung des Menschen.

Monika Grimm und Pietro Archiati
Rudolf Steiner Ausgaben

Klartextnachschrift A, erste Seite

Vortrag

von

Dr. Rudolf Steiner

(zu Pfingsten 1923)

++++++++

Dornach, am 7. Mai 1923.

Meine lieben Freunde!

Gestern sprach ich Ihnen von einer Tatsache im Wesen des einzelnen Menschen, die begründet ist in der gegensätzlichen Natur des oberen und des unteren Menschen, was eine Gleichgewichtslage ergibt, und wodurch erst die Möglichkeit der menschlichen Freiheit herbeigeführt wird. Wir haben gerade an diesem Beispiel wohl gesehen, wie anthroposophische Erkenntnis ihre bedeutsame Aufgabe für die Zukunft der Menschheit zu erfüllen hat, indem sie eben zu solchen Ergebnissen führt, die den Menschen aufklären über seine eigene Natur und Wesenheit, die es dem Menschen möglich machen, das "Erkenne dich selbst" zu einer Wirklichkeit zu gestalten.

Heute möchte ich Ihnen von einer Angelegenheit mehr der ganzen

Himmelfahrt und Pfingsten

Mit Leib und Seele im Streben nach dem Geist

Dornach, 7. Mai 1923

Meine lieben Freunde![1]

Die Entwicklung der Menschheit hat aus den verschiedenen Religionssystemen heraus Bilder vor diese Menschheit hingestellt, zu deren vollem Verständnis eine Art esoterischer Erkenntnis gehört. Wir haben auf anthroposophischem Boden im Laufe der Jahre alle vier Evangelien in dieser Weise interpretiert, indem wir die anthroposophisch-esoterische

1 Der Redner beginnt mit einem Hinweis auf den vorangehenden Vortrag: «Gestern sprach ich Ihnen von einer Tatsache im Wesen des einzelnen Menschen, die begründet ist in der gegensätzlichen Natur des oberen und des unteren Menschen, was eine Gleichgewichtslage ergibt, und wodurch erst die Möglichkeit der menschlichen Freiheit herbeigeführt wird. Wir haben gerade an diesem Beispiel wohl gesehen, wie anthroposophische Erkenntnis ihre bedeutsame Aufgabe für die Zukunft der Menschheit zu erfüllen hat, indem sie eben zu solchen Ergebnissen führt, die den Menschen aufklären über seine eigene Natur und Wesenheit, die es dem Menschen möglich machen, das ‹Erkenne dich selbst› zu einer Wirklichkeit zu gestalten.

Heute möchte ich Ihnen von einer Angelegenheit mehr der ganzen Menschheit sprechen, also nicht des einzelnen Menschen so sehr, als der ganzen Menschheit, und des einzelnen Menschen, insofern dieser eben in dem Entwickelungsprozeß der ganzen Menschheit eingegliedert ist.» (lt. Klartextnachschrift, unredigiert).

Erkenntnis angewendet haben, um den tieferen Gehalt der Evangelien ans Tageslicht zu fördern.

In der Regel wird das, um was es sich handelt, in Bildern dargestellt, weil Bilder sich nicht rationalistisch deuten lassen wie Begriffe und Ideen. Bei Begriffen und Ideen hat der Mensch die Meinung, dass er alles durchschaut, was in Betracht kommt, wenn er einen Begriff in sich aufgenommen hat. Bei einem Bild kann man eine solche Meinung nicht haben.

Das Bild wirkt lebendig. Es wirkt lebendig wie ein lebendes Wesen, wie der Mensch selbst. Man mag einen Menschen von dieser oder jener Seite kennengelernt haben – man wird immer neue Seiten von ihm kennenlernen können. Man wird sich nicht mit einer Definition begnügen, die die Sache scharf umreißen soll, sondern man wird sich zu einer Charakterisierung aufschwingen, die von verschiedenen Seiten her dem Bild beizukommen strebt, die das Bild immer mehr zur Erkenntnis des Menschen bringt.

Heute wollen wir zwei Bilder vor unsere Seele hinstellen, die wir als Bilder gut kennen, und einiges in Bezug auf diese Bilder charakterisieren.

Das eine ist das Bild, das uns darstellt die Jünger des Christus Jesus am Himmelfahrtstag, wie sie zum Himmel hinaufblicken und den Christus mit den Wolken entschweben sehen. Dieses Bild wird gewöhnlich so aufgefasst, dass der Christus himmelwärts gefahren ist, dass er die Erde verlassen hat, und dass die Jünger auf sich selbst gestellt sind. Man sieht überhaupt die ganze Menschheit, für die der Christus durch das Mysterium von Golgota[2] gegangen ist, nach seiner Himmelfahrt sich selbst überlassen.

Wir könnten leicht auf den Gedanken kommen, dass dies der Realität des Mysteriums von Golgota widerspricht, da wir wissen, dass durch das Mysterium von Golgota der Christus beschlossen hat, sein Wesen mit dem Wesen der Erde zu verbinden, von dem Mysterium von Golgota an in einem fortdauernden Zusammenhang mit der Erdentwicklung zu bleiben.

So könnten wir das Bild der «Himmelfahrt» in Widerspruch zu dem sehen, was sich aus der esoterischen Anschauung des Mysteriums von Golgota über die Verbindung des Christus mit dem Erdwesen und mit der Menschheit ergibt. Wir wollen heute

---

2 Rudolf Steiner nennt «Mysterium von Golgatha» das Ereignis des Todes und der Auferstehung des Christus. Im Aramäischen «Golgoltha» – griechisch: Golgotha (Duden: Golgota) – deutet die Wurzel «Golgol» auf die runde Form des «Schädels» hin. Im Johannes-Evangelium (19,17) heißt es: «… und er trug sein Kreuz und ging hinaus zur Stätte, die da heißt Schädelstätte, auf Hebräisch Golgatha.»

versuchen, anhand der geistigen Tatsachen über diesen Widerspruch hinwegzukommen.

Das zweite Bild, das wir heute vor unsere Seele rücken wollen, meine lieben Freunde, ist das Bild, wo die Jünger zehn Tage nach der Himmelfahrt versammelt sind und «feurige Zungen» auf das Haupt eines jeden herniederkommen, sodass sie sich angeregt fühlen, wie das in populärer Ausdrucksform heißt, in verschiedenen Zungen zu sprechen. In Wirklichkeit heißt das, dass sie jetzt die Fähigkeit erlangen, das Geheimnis von Golgota jedem menschlichen Herzen beizubringen, welchem Bekenntnis auch immer es angehört.

Diese zwei Bilder wollen wir heute einmal vor unsere Seele hinstellen. Wir wollen einiges zu ihrer Charakterisierung beitragen. Es kann natürlich immer nur einiges sein.

Wir wissen, meine lieben Freunde, dass die Menschheitsentwicklung nicht erst auf der Erde begonnen hat. Der Erdentwicklung ist eine «Mondentwicklung» vorangegangen, dieser eine «Sonnenentwicklung», dieser wiederum eine «Saturnentwicklung» (s. Fachausdrücke S. 45), wie es in meiner *Geheimwissenschaft im Umriss* dargestellt ist.

Der Mensch hat sich während der Saturnentwicklung bis zu dem physischen Leib entfaltet, aber der physische Leib war damals nur ein Wärmeleib. Eine Summe von Wärmedifferenzen, von Wärmewirkungen hat sich damals im Sinne der Beschreibungen meiner *Geheimwissenschaft* um das Seelisch-Geistige des Menschen herumgelagert.

Während der Sonnenentwicklung hat dann der Mensch einen luftförmigen Körper bekommen, während der Mondentwicklung eine Art flüssigen Körper. Den festen, den eigentlichen irdischen Körper hat er sich erst während der Erdentwicklung angeeignet. Wir wollen heute diese Erdentwicklung ins Auge fassen.

Wir wissen, meine lieben Freunde, dass die Entwicklung der Erde in sieben aufeinanderfolgenden Epochen geschieht. Die erste Epoche ist eine Wiederholung der Saturnentwicklung, die zweite eine Wiederholung der Sonnenentwicklung, die dritte eine Wiederholung der Mondentwicklung – wir haben diese die lemurische Epoche genannt. Mit der vierten Epoche setzt die eigentliche Erdentwicklung ein. Wir leben jetzt in der fünften Entwicklungsepoche. Ihr werden zwei andere folgen, eine sechste und eine siebte (s. Tafel nächste Seite).

Aus diesem Schema ersehen wir, dass die Mitte der Erdentwicklung hier (IV.) in der Mitte der atlantischen Epoche liegt. Sodass die Erde in unserer

I. Epoche:	Wiederholung der Saturnentwicklung
II. Epoche:	Wiederholung der Sonnenentwicklung
III. Epoche:	Wiederholung der Mondentwicklung (lemurische Zeit)
IV. Epoche:	Beginn der eigentlichen Erdentwicklung (atlantische Zeit)
V. Epoche:	Nachatlantische Zeit (unsere Zeit)
VI. Epoche	
VII. Epoche	

Gegenwart bereits die Kulmination, die Mitte ihrer Entwicklung überschritten hat. Wir ersehen daraus, dass die Erde sich bereits in absteigender Entwicklung befindet. Wir haben für unsere Zeit damit zu rechnen, dass die Erde in absteigender Entwicklung begriffen ist.

Wir haben öfter darauf aufmerksam gemacht, dass das sogar mit den Ergebnissen der heutigen materialistischen Geologie übereinstimmt. Eduard Sueß macht in seinem Buch *Das Antlitz der Erde*[3] darauf aufmerksam, dass die Schollen der Erde, auf denen wir heute gehen, einer schon ersterbenden Erde angehören. Die Erde war während der atlantischen Epoche in ihrem mittleren Alter. Da war sie noch voll inneren Lebens.

Damals fand man auf der Erde nicht die Gebilde, die wir heute als Gesteine finden, die zerbröckeln, sondern man fand das Mineralische in dem Irdischen so lebendig, wie heute in einem tierischen Organismus das Mineralische lebendig ist, wo es sich höchstens in allerlei Ablagerungen ergibt, wenn der Organismus krank ist.

Wenn aber der tierische Organismus gesund ist, bilden sich als Ablagerungen nur die Knochen, aber diese haben auch noch ein inneres Leben. Sie haben nicht wie unsere Gebirge jenes Erstorbene, das zerstäubt. Die Felsen unserer Gebirge zerstäuben. Dieses Zerstäuben der Felsen unserer Gebirge ist ein Zeugnis für eine Erde, die sich schon in einem Todesprozess, in einem Sterbeprozess befindet.

---

3 s. *Rudolf Steiners Bibliothek,* Verzeichnis einer Büchersammlung, S. 402:

> «Sueß, Eduard: Das Antlitz der Erde. Theil 1: Die Bewegungen in dem äusseren Felsgerüste der Erde. Theil 2: Die Gebirge der Erde. Wien: Tempsky 1885.»

Wie gesagt, das ist heute schon eine Erkenntnis der gewöhnlichen materialistischen Geologie. Anthroposophie muss zu dem hinzufügen, dass seit der Mitte der atlantischen Epoche die Erde in einem absteigenden Entwicklungsprozess ist, dass wir aber zur Erde all das rechnen müssen, was der Erde angehört: die Pflanzen, die Tiere und vor allem den physischen Menschen.

Der physische Mensch gehört auch zur Erde. Und indem die Erde in einem absteigenden Prozess ihrer Entwicklung ist, ist auch der physische Leib des Menschen in einem absteigenden Entwicklungsprozess.

Esoterisch ausgedrückt bedeutet dies das Folgende: Seit der Mitte der atlantischen Zeit war all das fertig, was sich zuerst im Wärmeleib des Saturn veranlagt hatte. Der menschliche physische Leib war in der Mitte der atlantischen Zeit fertig. Von da an hat er sich in einer absteigenden Linie entwickelt.

Als die Zeit des Mysteriums von Golgota herankam, da war über die ganze Erde hin im Wesentlichen – die Entwicklung geht ja nicht gleichmäßig, es erscheint eine Entwicklungsphase bei einem Volk etwas früher, bei einem anderen etwas später –, aber im Wesentlichen, im Durchschnitt war um die Zeit, als das Mysterium von Golgota eintrat, die Entwicklung des physischen Wesens des Menschen so, dass für die gesamte Menschheit in Aussicht stand, sich nicht weiter auf der Erde verkörpern zu können, das heißt, die Entwicklung der Erde nicht weiter mitmachen zu können, ihre absteigende Entwicklung nicht mitmachen zu können.

Das ist etwas, was man in Eingeweihtenschulen gewusst hat, was man auch heute wissen kann: Um die Zeit des Mysteriums von Golgota war der menschliche physische Leib so weit im Verfall, dass die Menschen, die damals verkörpert waren – oder die kurz danach, bis gegen das 4. Jahrhundert hin, verkörpert waren –, vor der Gefahr standen, in Zukunft die Erde wüst und leer zu lassen, keine Möglichkeit zu finden, aus der geistigen Welt herunterzusteigen und aus physischen Erdmitteln heraus einen physischen Körper zu formen.

Diese Gefahr war da. Der Mensch wäre seiner irdischen Bestimmung untreu geworden. Das Zusammenwirken der ahrimanischen und der luziferischen Mächte[4] hatte es so weit gebracht, dass zur Zeit des

---

4 Luzifer ist der Geist, der die Seele zum einseitigen Spiritualismus verführt; Ahriman macht den Körper immer irdischer und verführt den Menschen zum Materialismus. (s. auch Fachausdrücke S. 45).

Mysteriums von Golgota die Menschheit auf der Erde ausgestorben wäre.

Durch das, was mit dem Mysterium von Golgota geschehen ist, ist die Menschheit von dem Aussterben bewahrt worden. Es ist dem physischen Leib des Menschen wieder eine entsprechende Frische beigebracht worden, sodass die Menschen die weitere Erdentwicklung mitmachen können. Sie haben weiter die Möglichkeit, aus der geistigen Welt herunterzukommen und die physischen Leiber zu bewohnen.

Das war die Wirkung, die ganz reale Wirkung des Mysteriums von Golgota. Ich habe es bereits öfter angedeutet, dass dessen Wirkung in solcher Linie liegt, unter anderem einmal in einem Vortragszyklus, der den Titel trägt: *Von Jesus zu Christus.*[5] Dieser Vortragszyklus ist damals in Karlsruhe gehalten worden. Und weil gewisse Wahrheiten, von denen manche Leute wollen, dass sie verhüllt bleiben, einmal aus einem esoterischen Pflichtgefühl heraus ausgesprochen worden sind, ist dieser Zyklus gerade am meisten angefeindet worden. Von gewissen Seiten her begann die Feindschaft gegen Anthroposophie gerade von diesem Zyklus aus.

---

5 Rudolf Steiner, *Von Jesus zu Christus* (Bad Liebenzell, 2. Aufl. 2016). (s. auch Anhang S. 41).

Das war die reale Wirkung des Mysteriums von Golgota nach der einen Seite hin. Man kann dieselbe Tatsache natürlich auch anders ausdrücken. In jenem Zyklus habe ich sie anders ausgedrückt. Was ich heute charakterisiere, ist dasselbe, nur von einer anderen Seite her erfasst. Durch das Mysterium von Golgota sind die Wachstums- und Gedeihenskräfte des physischen Menschen neu angefacht worden.

Dadurch ist auch das Folgende geschehen: Es ist die Möglichkeit herbeigeführt worden, dass der Mensch in den Schlafzuständen einen Impuls erhält, den er sonst nicht erhalten würde.

Die Gesamtentwicklung des Menschen auf der Erde verläuft in Wachzuständen und Schlafzuständen. Im Schlafzustand bleiben der physische Leib und der Ätherleib zurück; das Ich und der Astralleib machen sich vom Einschlafen bis zum Aufwachen selbstständig.

Während dieses Selbstständigseins im Schlaf geschieht die Einwirkung der Christus-Kraft bei den Menschen, die sich durch den entsprechenden Seeleninhalt für den Schlafzustand vorbereiten. Diese Einwirkung der Christus-Kraft geschieht vorzugsweise während des Schlafzustandes.

Wir stellen uns vor, dass zu dem Zeitpunkt, der biblisch durch das Bild der «Himmelfahrt» angedeutet wird, die Jünger so weit hellsichtig geworden sind, dass sie etwas sehen, was ein Geheimnis der Erdentwicklung darstellt.

Die Geheimnisse der Erdentwicklung gehen am gewöhnlichen Bewusstsein des Menschen vorbei. Dieses Bewusstsein kann nicht wissen, ob zu irgendeinem Zeitpunkt der Menschheitsentwicklung etwas Bedeutsames für die Erdentwicklung geschieht. Es geschieht so manches, aber das gewöhnliche Bewusstsein achtet nicht darauf.

Die Darstellung der Himmelfahrtsszene bedeutet, dass die Jünger des Christus in diesem Augenblick fähig geworden sind, etwas Bedeutsames zu beobachten, was hinter den Kulissen der Erdentwicklung vorgeht.

Was sie in einem Bild gesehen haben, hat ihnen die Aussicht gezeigt, die für die Menschen gekommen wäre, wenn das Ereignis von Golgota nicht geschehen wäre. Es stand vor ihnen in geistiger Leibhaftigkeit das, was geschehen wäre, wenn das Ereignis von Golgota nicht erfolgt wäre. Es wäre dieses geschehen: Die Menschenleiber wären der Erde verfallen und die Zukunft der Menschheit wäre gefährdet gewesen.

Ganz verfallen wären die physischen Menschenleiber gewesen, und das Ätherische, das im Menschen ist, der Ätherleib, der wäre seiner eigenen Anziehungskraft gefolgt. Der Ätherleib strebt nicht nach der Erde, sondern er strebt fortwährend hinauf zur Sonne. Wir sind als Menschen so konstituiert, dass unser physischer Leib Erdschwere hat und unser Ätherleib Sonnenleichtigkeit hat. Der Ätherleib strebt fortwährend zur Sonne hin.

Wenn der physische Menschenleib so der Erde verfallen gewesen wäre, wie es ohne das Mysterium von Golgota hätte sein müssen, dann wären die menschlichen Ätherleiber ihrem Drang gefolgt, zur Sonne zu streben. Die Menschheit hätte dadurch als Menschheit auf der Erde aufgehört.

Die Sonne ist in dem Sinne, wie wir das öfter charakterisiert haben, bis zum Mysterium von Golgota der Wohnplatz des Christus gewesen. Der Ätherleib des Menschen strebt also zu dem Christus hin, indem er sonnenwärts strebt.

Wir stellen uns das Bild der Himmelfahrt so vor: Der Christus erhebt sich vor den Seelenaugen seiner Jünger nach oben. Ihren Seelenaugen wird vorgezaubert, wie das Ätherische des Menschen, das aufwärtsstrebt, sich mit der Kraft, mit dem Impuls des Christus vereinigt. Der Mensch stand zur Zeit des Mysteriums von Golgota vor der Gefahr, mit seinem physischen Leib der Erde zu verfallen und mit seinem Ätherleib wolkenwärts, zur Sonne hin zu ziehen – aber der Christus hält mit der Erde zusammen, was sonnenwärts strebt.

Dieses Bild müssen wir im richtigen Sinne verstehen. Dieses Bild ist eine Warnung: Der Christus bleibt mit der Erde vereinigt; die Kräfte im Menschen, die sonnenwärts streben, wollen in alle Zukunft von der Erde fort, aber der Christus-Impuls hält den Menschen auf der Erde fest.

In dem Himmelfahrtsbild erscheint vor dem Seelenauge der Jünger, was ohne das Mysterium von Golgota geschehen wäre. Stellen wir uns vor, das Mysterium von Golgota wäre nicht geschehen und eine Schar von Menschen würde so hellsichtig wie die Jünger in diesem Moment. Dann würden sie sehen, wie die Ätherleiber der Menschen von der Erde weg und zur Sonne hin fliehen. Sie würden wissen, dass die Ätherleiber diesen Weg nehmen: Was am Menschen ätherisch ist, das wird zur Sonne entrückt.

Aber das Mysterium von Golgota hat stattgefunden, der Christus hat für die Erde das Sonnenwärtsziehende gerettet. In dem, was zur Sonne hinstrebt, aber von dem Christus zurückgehalten wird, erscheint die Tatsache, dass der Christus mit der Menschheit der Erde verbunden bleibt.

Aber da liegt auch das vor, dass der Christus durch das Mysterium von Golgota ein kosmisches Ereignis in die Erdentwicklung hineingestellt hat.

Der Christus ist aus geistigen Höhen heruntergekommen und im Menschen Jesus von Nazareth hat er sich mit der Menschheit verbunden. Er ist durch das Mysterium von Golgota gegangen und hat seine Entwicklung mit der Erdentwicklung vereint. Das ist eine Tat, die für die ganze Menschheit geschehen ist.

Wir müssen das richtig auffassen, meine lieben Freunde: Das Mysterium von Golgota ist für die ganze Menschheit geschehen. Der hellsichtige Blick muss immer schauen, wie sich der Christus für die ganze Menschheit mit den Ätherkräften des Menschen vereinigt, die der Erde enteilen wollen. Der Christus hält sie bei der Erdentwicklung. Das gilt für die ganze Menschheit.

Aber bedenken wir das Folgende. Nehmen wir an, nur ein kleines Häuflein von Menschen erwirbt sich eine Erkenntnis von den Tatsachen, die mit dem Mysterium von Golgota zusammenhängen. Dann gibt es einen großen Teil der Menschheit, wie es in Wirklichkeit der Fall ist, der die Bedeutung des Ereignisses von Golgota nicht kennt. Die Erde ist bevölkert von einer kleinen Anzahl von Christus-Bekennern und von einer großen Anzahl von Menschen, die das Mysterium von Golgota seinem Inhalt nach nicht kennen.

Wie ist es mit diesen? Wie verhält es sich mit den Menschen, die das Mysterium von Golgota nicht kennen? Wie verhält sich das Mysterium von Golgota, die Tat des Christus, zu diesen Menschen?

Die Tat des Christus auf Golgota, meine lieben Freunde, ist eine objektive Tatsache. Sie hängt in ihrer kosmischen Bedeutung nicht von dem ab, was die Menschen über sie denken. Eine objektive Tatsache ist in sich wesenhaft, so wie sie ist. Wenn ein Ofen warm ist, wird er nicht dadurch kalt, dass eine Anzahl von Leuten glaubt, er sei kalt.

Das Mysterium von Golgota ist die Rettung der ganzen Menschheit vor dem Zerfall des physischen Leibes – gleichgültig, was die Menschen darüber denken oder nicht denken. Das Mysterium von Golgota ist für alle Menschen geschehen, auch für diejenigen, die nicht daran glauben. Das müssen wir festhalten.

Das Mysterium von Golgota ist geschehen, um dem physischen Leib des Menschen frische Kräfte zuzuführen, um die Menschheit der Erde zu erneuern, zu verjüngen bis zu dem Grad, zu dem es nötig ist. Das ist objektiv geschehen. Dadurch ist die Möglichkeit herbeigeführt, dass die Menschen auf der Erde Leiber finden, in denen sie sich für eine weitreichende Zukunft verkörpern können. Damit bekommen die Menschen verjüngte irdische Leiber. Sie können immer wieder auf der Erde erscheinen.

Aber der Christus-Impuls hat nicht nur für das Leibliche, sondern auch für das Geistige des Menschen eine Bedeutung. Der Christus-Impuls hat sich für alle Menschen auf den Wachzustand erstreckt, aber er kann sich nicht auf den Schlafzustand erstrecken, wenn die Seele nicht die Erkenntnis des Christus-Impulses aufnimmt. Das Mysterium von Golgota wirkt für den Wachzustand des Menschen, auch wenn die Menschen die Erkenntnis von diesem Mysterium von Golgota nicht aufnehmen – aber für den Schlafzustand des Menschen wirkt es nicht ohne Erkenntnis.

Daraus ergibt sich das Folgende: Wenn die Menschen sich keine Erkenntnis des Mysteriums von Golgota aneignen, dann können sie sich immer wieder auf der Erde inkarnieren, aber sie schlafen so, dass sie in ihrem Geistig-Seelischen den Zusammenhang mit dem Christus verlieren.

Hier haben wir den Unterschied, meine lieben Freunde, zu den Menschen, die nicht wissen von dem Mysterium von Golgota. Für ihre Leiber, für die Möglichkeit ihres Lebens auf der Erde, hat der Christus seine Tat auf Golgota getan. Er hat sie auch für die ungläubigen Heiden getan.

Aber für das Geistig-Seelische des Menschen ist notwendig, dass sich der Christus-Impuls in den Schlafzuständen in die Seele hineinsenkt. Dazu ist wiederum notwendig, dass der Mensch sich wissentlich, bewusst zu dem Inhalt des Mysteriums von Golgota bekennt. Die geistige Wirkung des Mysteriums von Golgota kann nur aus der Erkenntnis des Inhaltes des Mysteriums von Golgota hervorgehen.

Für die Erdmenschheit muss also eintreten, dass auf der einen Seite erkannt wird: Den immerfort enteilenden, nach der Sonne hin strebenden Ätherleib hält der Christus zurück. Aber des Menschen seelisch-geistiges Wesen, sein Ich und sein Astralleib, können den Christus-Impuls im Zustand zwischen dem Einschlafen und Aufwachen nur dadurch empfangen, dass der Mensch sich während des Wachens durch die Erkenntnis dazu vorbereitet.

Wir lassen das Himmelfahrtsbild vor unsere Seele treten: Die Jünger sind hellsichtig geworden; sie sehen die Tendenz der ätherischen Leiber der Menschen, sonnenwärts zu steigen; der Christus vereinigt sich mit diesem Streben und hält es zurück. Das ist das Bild von Himmelfahrt: die Rettung des Physisch-Ätherischen des Menschen durch den Christus im Himmelfahrtsbild.

Aber zu gleicher Zeit ziehen sich die Jünger zurück. Sie werden nachdenklich, sie werden besonnen. In ihrer Seele lebt die Erkenntnis: Das Mysterium von Golgota ist für das Physisch-Ätherische aller Menschen geschehen. Was geschieht aber für das Geistig-Seelische? Woher kommt dem Menschen die Kraft, in das Geistig-Seelische, in das Ich und den Astralleib, den Christus-Impuls aufzunehmen?

Der Christus-Impuls hat sich durch das Mysterium von Golgota auf der Erde so vollzogen, dass er nur durch geistige Erkenntniskräfte erfasst werden kann. Keine materialistischen Erkenntniskräfte, keine materialistische Wissenschaft kann das Mysterium von Golgota verstehen. Die Seele muss in sich die Kraft geistigen Erkennens, die Kraft geistigen

Empfindens und Anschauens aufnehmen, um den Christus-Impuls zu verstehen, wie er sich auf Golgota mit der Erde vereinigt hat.

Dass dies geschieht, dazu hat der Christus seine Tat auf Golgota vollbracht. Er hat sie so vollbracht, dass er zehn Tage nach der «Himmelfahrt» den Menschen die Möglichkeit gegeben hat, auch mit dem Geistig-Seelischen, mit dem Ich und dem Astralleib, sich mit dem Christus-Impuls zu durchdringen.

Das ist das Bild vom Pfingstfest: das Sichdurchdringen des Geistig-Seelischen mit der das Mysterium von Golgota verstehenden Erkenntniskraft. Das ist die Sendung des Heiligen Geistes.

Der Christus hat seine Tat für die ganze Menschheit vollbracht. Dem Einzelnen aber, der diese Tat verstehen will, dem einzelnen menschlichen Individuum hat er den Geist gesendet, sodass sein Seelisch-Geistiges den Zugang zu der allgemeinen Menschheitstat findet. Durch den Geist muss sich der Mensch innerlich, geistig-seelisch, das Christus-Mysterium aneignen.

Die beiden Bilder stehen in der Entwicklungsgeschichte der Menschheit so hintereinander da, dass uns das Himmelfahrtsbild sagt: Für den physischen und den Ätherleib des Menschen ist das Ereignis von

Golgota für alle Menschen vollzogen worden; aber der einzelne Mensch muss es für sich fruchtbar machen, indem er den Heiligen Geist aufnimmt. Dadurch wird der Christus-Impuls für jeden Einzelnen individuell.

Jetzt können wir noch etwas anderes zu der Charakterisierung des Himmelfahrtsbildes hinzufügen. Solche geistigen Schauungen, wie sie die Jünger am Himmelfahrtstag gehabt haben, beziehen sich immer auf etwas, was der Mensch in dem einen oder anderen Bewusstseinszustand erlebt.

Nach dem Tod erlebt der Mensch den Fortgang seines Ätherleibes. Mit dem Tod legt er den physischen Leib ab und behält einige Tage seinen Ätherleib. Dann löst sich der Ätherleib auf und vereinigt sich mit der Sonne. Seine Auflösung nach dem Tod ist eine Vereinigung mit dem Sonnenhaften, das den Raum durchströmt, in dem sich auch die Erde befindet.

In diesem sich nach dem Tod von ihm entfernenden Ätherleib schaut der Mensch seit dem Mysterium von Golgota den Christus mit, der für das künftige Erddasein sein Retter geworden ist. Seit dem Mysterium von Golgota hat jeder Mensch, der stirbt, jenes Himmelfahrtsbild vor seiner Seele, das die Jünger durch ihren besonderen Seelenzustand an jenem Tag gesehen haben.

Aber für den Menschen, der auch das Pfingstgeheimnis in sich aufnimmt, der den Heiligen Geist sich nahekommen lässt, für den ist dieses Bild nach dem Tod der größte Trost, den er haben kann. Er durchschaut jetzt die Wahrheit des Mysteriums von Golgota und dieses Bild wird für ihn zum Trost. Es sagt ihm das Himmelfahrtsbild: Du kannst für deine folgenden Erdleben der Erdentwicklung vertrauen, denn der Christus ist durch das Mysterium von Golgota der Retter der Erdentwicklung geworden.

Für den aber, der nicht mit seinem Ich und seinem Astralleib den Inhalt des Mysteriums von Golgota erkennend und empfindend durchdringt, für den ist dieses Bild nach dem Tod ein Vorwurf. Es ist so lange ein Vorwurf, bis er erkannt hat, dass er das Mysterium von Golgota verstehen lernen muss. Es ist für ihn eine Mahnung: Versuche, für das nächste Erdleben dir solche Kräfte anzueignen, dass du das Mysterium von Golgota verstehen lernst.

Es ist nur natürlich, dass das Bild der Himmelfahrt eine Mahnung ist, denn die Menschen können in den folgenden Erdleben versuchen, die Kräfte anzuwenden, an die das Bild sie gemahnt hat, und sich ein Verständnis des Mysteriums von Golgota anzueignen. Aber wir sehen jetzt, meine lieben Freunde, wie der Unterschied zwischen den Menschen ist, die sich mit ihren Erkenntnis- und Empfindungskräften zu dem Mysterium von Golgota bekennen, und denen, die sich nicht dazu bekennen.

Das Mysterium von Golgota ist nur mit Bezug auf den physischen und den Ätherleib für alle Menschen geschehen. Die Sendung des Geistes, das Pfingstgeheimnis, besagt, dass das Seelische und das Geistige des Menschen an den Früchten des Mysteriums von Golgota nur teilhaben kann, wenn der Mensch sich zur Erkenntnis des Inhalts des Mysteriums von Golgota aufschwingt.

Damit aber, meine lieben Freunde, ist zugleich gesagt: Weil der Inhalt des Mysteriums von Golgota nur mit geistiger Erkenntnis, nicht mit materialistischer Erkenntnis, begriffen werden kann, kann das Pfingstfest nur richtig verstanden werden, wenn die Menschen verstehen, dass die Aussendung des Geistes die Forderung an die Menschheit ist, sich zur Geisterkenntnis hinaufzuarbeiten. Denn nur durch Erkenntnis des Geistigen kann das Mysterium von Golgota verstanden werden.

Dass es für alle Menschen geschehen ist, das ist die Offenbarung des Himmelfahrtsgeheimnisses; dass es vom Individuum verstanden werden soll, das ist die Forderung des Pfingstgeheimnisses.

Diese zwei Dinge stehen in der christlich interpretierten Menschheitsentwicklung hintereinander: die Himmelfahrtsoffenbarung, dass der Christus seine Tat für alle Menschen vollbracht hat; das Pfingstgeheimnis als eine Forderung an den einzelnen Menschen, durch Geisterkenntnis den Impuls des Mysteriums von Golgota in sich aufzunehmen.

Anthroposophie besteht in Bezug auf diese Dinge darin, das richtige Verständnis für das Pfingstgeheimnis in seinem Anschluss an die Himmelfahrtsoffenbarung zu gewinnen. Wenn wir empfinden, dass Anthroposophie wie eine Art erklärender Herold für diese Frühlingsfeste dasteht, dann haben wir zu den Farben, welche Anthroposophie für uns hat, wieder eine hinzugefügt, die notwendig zu ihr gehört.

Das, meine lieben Freunde, soll etwas von dem sagen, wie Anthroposophie eine Stimmung für das richtige Fühlen des Himmelfahrts- und Pfingstfestes geben kann. Die Bilder, die sich in solchen Festen vor die Seele des Menschen hinstellen, sind wie

Lebewesen. Wir können ihrem Inhalt immer näher kommen, wir können sie immer besser kennenlernen.

Wenn die Menschen sich wieder dazu aufschwingen, das Jahr mit solchem geistigen Verständnis für die Festzeiten zu erfüllen, dann wird das Jahr einen konkreten, damit aber auch einen kosmischen Inhalt bekommen. Und der Mensch lernt schon im Erddasein das kosmische Dasein mitzuerleben.

Das Pfingstfest ist auch ein Fest der Blumen. Wenn es in der richtigen Weise gefühlt wird, geht der Mensch hinaus, wo die Blumen überall sprießen, wo die Blumen sich unter der Einwirkung des Sonnenhaften dem Ätherisch-Astralischen öffnen.

Der Mensch empfindet in der sich beblumenden Erde das irdische Abbild dessen, was sich in dem Himmelfahrtsbild des Christus und in dem sich anschließenden Bild der feurigen Zungen über den Häuptern der Jünger zusammendrängt. Die sich öffnende Menschenbrust symbolisiert sich in der sich der Sonne öffnenden Blume und was von der Sonne herunterkommt, um der Blume die Fruchtkraft zu geben, das symbolisiert die feurigen Zungen, die sich über die Häupter der Jünger niedergießen.

Mit dieser Kraft, die vom Verstehen der Festtage, von der richtigen Betrachtung der Festzeiten herrührt, kann gerade Anthroposophie auf die Menschenherzen wirken. Damit wollte ich, meine lieben Freunde, weil ich diesmal während des Pfingstfestes nicht da bin, etwas zu jener Stimmung beitragen, die uns die richtige Stimmung in diesen Tagen der Frühlingsfeste sein kann.[6]

---

6 Der Vortrag schließt mit folgenden Bemerkungen: «Jetzt lassen Sie mich nur noch eine Bitte aussprechen, die darin besteht, daß ich unsere Freunde bitte, doch auch in den Einzelheiten ein wenig die Notwendigkeiten der anthroposophischen Gesellschaft zu respektieren. Wir haben ja die Möglichkeit, dadurch, daß uns eben jemand diese Möglichkeit eröffnet hat, hingebungsvolle Persönlichkeiten hier zu haben, die Wache halten über das, was wir noch von unserem Bau haben. Dieses Wachehalten in seinen verschiedenen Formen ist ja wirklich eine aufopfernde Arbeit, und Sie müssen verstehen, meine lieben Freunde, daß man der Wache es möglichst leicht machen muß, ihren Dienst zu versehen, daß man es ihr nicht allzuschwer machen soll. Es ist schon notwendig, wenn wirklich sachgemäß gewacht werden soll, daß z. B. nicht bei jeder Gelegenheit anthroposophische Freunde den Schreinerei-Raum bei jeder Nacht- und Tagzeit betreten sollen oder wollen und dann sich darauf berufen: ich bin ein altes Mitglied, ich kann da überall hineingehen.

Nicht um hier drakonische Maßregeln einzuführen, sondern einfach um die Lebensmöglichkeiten herbeizuführen, ist es notwendig, dass man nicht untertänigst gehorsam, sondern vernünftig sich fügt demjenigen, was eben von Seiten der wachhabenden Leute als notwendig angesehen wird. Und die Dinge sind eben so eingerichtet, dass wirklich das Notwendige nur verlangt wird. Wenn also z. B. einmal zwei Veranstaltungen hintereinander sind, und es ist notwendig, dass zuerst die einen, die bei der einen Veranstaltung waren, hinausgelassen werden, bevor die anderen hereingelassen werden, so ist es nicht gut, wenn dann diejenigen, die nicht gleich hereinströmen können, Krakeel schlagen. Ich sage nicht Dinge, die ich mir ausdenke, sondern die vorgekommen sind. Und deshalb, meine lieben Freunde, bitte ich Sie, auch in Kleinigkeiten doch die Anthroposophische Gesellschaft real zu machen. Es kann nicht so sein, wie die allgemeine Auffassung zumeist ist, dass Anthroposophische Gesellschaft darinnen bestehe, dass alles durcheinander rennt und alles dasjenige will, was ihm gerade einfällt, und dass es das eben nur durchsetzen will, indem man sich auf die Philosophie der Freiheit beruft usw. Es ist ja in Berlin vorgekommen, nicht wahr, dass der Vorsitzende jemandem das Wort gegeben hat. Aber während der sprach, sprach auch ein anderer, und es drohte, dass noch mehrere hintereinander auch gleichzeitig sprachen. Da sagte der Vorsitzende, das geht doch nicht, meine lieben Freunde, dass alle zugleich sprechen. Da meinte man: wir haben doch die ‹Philosophie der Freiheit›, da müssen alle doch auch zugleich die Möglichkeit haben, zu gleicher Zeit reden zu können!

Es ist schon notwendig, dass einfach Vernunft unter uns herrscht. Deshalb bitte ich Sie, den wachehabenden Persönlichkeiten ihr Amt nicht allzuschwer zu machen, sondern es ihnen zu erleichtern. Wir sind ja da zur Brüderlichkeit und nicht zum Krakeelen. Ich sage das wirklich in aller Artigkeit, möchte es als eine Bitte aussprechen, aber es ist schon die Notwendigkeit vorhanden, dass ich eine solche Bitte ausspreche.» (lt. Klartextnachschrift, unredigiert).

Aus der Apostelgeschichte, Kap. 1-2

«Den ersten Bericht habe ich gegeben, lieber Theophilus, von all dem, was Jesus von Anfang an tat und lehrte bis zu dem Tag, an dem er aufgenommen wurde, nachdem er den Aposteln, die er erwählt hatte, durch den Heiligen Geist Weisung gegeben hatte. Ihnen zeigte er sich nach seinem Leiden durch viele Beweise als der Lebendige und ließ sich sehen unter ihnen vierzig Tage lang und redete mit ihnen vom Reich Gottes. Und als er mit ihnen zusammen war, befahl er ihnen, Jerusalem nicht zu verlassen, sondern zu warten auf die Verheißung des Vaters, die ihr, so sprach er, von mir gehört habt; denn Johannes hat mit Wasser getauft, ihr aber sollt mit dem Heiligen Geist getauft werden nicht lange nach diesen Tagen. Die nun zusammengekommen waren, fragten ihn und sprachen: Herr, wirst du in dieser Zeit wieder aufrichten das Reich für Israel? Er sprach aber zu ihnen: Es gebührt euch nicht, Zeit oder Stunde zu wissen, die der Vater in seiner Macht bestimmt hat; aber ihr werdet die Kraft des Heiligen Geistes empfangen, der auf euch kommen wird, und werdet meine Zeugen sein in Jerusalem und in ganz Judäa und Samarien und bis an das Ende der Erde. Und als er das gesagt hatte, wurde er zusehends aufgehoben, und eine

Wolke nahm ihn auf vor ihren Augen weg. Und als sie ihm nachsahen, wie er gen Himmel fuhr, siehe, da standen bei ihnen zwei Männer in weißen Gewändern. Die sagten: Ihr Männer von Galiläa, was steht ihr da und seht zum Himmel? Dieser Jesus, der von euch weg gen Himmel aufgenommen wurde, wird so wiederkommen, wie ihr ihn habt gen Himmel fahren sehen. Da kehrten sie nach Jerusalem zurück von dem Berg, der heißt Ölberg und liegt nahe bei Jerusalem, einen Sabbatweg entfernt. Und als sie hineinkamen, stiegen sie hinauf in das Obergemach des Hauses, wo sie sich aufzuhalten pflegten: Petrus, Johannes, Jakobus und Andreas, Philippus und Thomas, Bartholomäus und Matthäus, Jakobus, der Sohn des Alphäus, und Simon der Zelot und Judas, der Sohn des Jakobus. Diese alle waren stets beieinander einmütig im Gebet samt den Frauen und Maria, der Mutter Jesu, und seinen Brüdern.»

Das Pfingstwunder

«Und als der Pfingsttag gekommen war, waren sie alle an einem Ort beieinander. Und es geschah plötzlich ein Brausen vom Himmel wie von einem gewaltigen Wind und erfüllte das ganze Haus, in dem sie saßen. Und es erschienen ihnen Zungen, zerteilt wie von Feuer; und er setzte sich auf einen jeden von ihnen, und sie wurden alle erfüllt von dem Heiligen Geist und fingen an zu predigen in andern Sprachen, wie der Geist ihnen gab auszusprechen. Es wohnten aber in Jerusalem Juden, die waren gottesfürchtige Männer aus allen Völkern unter dem Himmel. Als nun dieses Brausen geschah, kam die Menge zusammen und wurde bestürzt; denn ein jeder hörte sie in seiner eigenen Sprache reden. Sie entsetzten sich aber, verwunderten sich und sprachen: Siehe, sind nicht diese alle, die da reden, aus Galiläa? Wie hören wir denn jeder seine eigene Muttersprache? Parther und Meder und Elamiter und die wir wohnen in Mesopotamien und Judäa, Kappadozien, Pontus und der Provinz Asien, Phrygien und Pamphylien, Ägypten und der Gegend von Kyrene in Libyen und Einwanderer aus Rom, Juden und Judengenossen, Kreter und Araber: wir hören sie in unsern Sprachen von den großen Taten Gottes reden. Sie entsetzten sich aber alle und wurden ratlos und sprachen einer zu dem andern: Was will das werden? Andere aber hatten ihren Spott und sprachen: Sie sind voll von süßem Wein.»

Aus der Vortragsreihe *Von Jesus zu Christus*

Das «Phantom»
des physischen Körpers *S. 41*

«Und vom Grab erhob sich jener Leib, der der Kräfteträger der physisch-materiellen Teile ist […] das reine Phantom des physischen Leibes, mit allen ursprünglichen Eigenschaften und Kräften des physischen Leibes. […] Ebenso wie von dem Leib des Adam die Leiber aller Erdmenschen abstammen, insofern sie den zerfallenden Leib haben, so stammen von dem, was vom Grab auferstanden ist, die geistigen Leiber, die Phantome für alle Menschen ab. Es ist möglich, eine Beziehung zum Christus herzustellen, durch die der Mensch seinem sonst zerfallenden physischen Leib das Phantom einfügt, das vom Grab von Golgota auferstanden ist. Es ist möglich, dass der Mensch in seine geistige Organisation jene Kräfte aufnimmt, die damals auferstanden sind […] Das Wesentliche ist nicht, was der Christus gelehrt hat, sondern das Wesentliche ist das, was der Christus gegeben hat: sein unverweslicher Leib.» (Rudolf Steiner, *Von Jesus zu Christus,* Bad Liebenzell, 2. Aufl. 2016, S. 232-233 und 236).

Klartextnachschrift B, erste Seite

V o r t r a g

von

Dr. R u d o l f S t e i n e r

gehalten am 7. Mai 1923 (6) in D o r n a c h .

(zu Pfingsten 1923)

- - - -

Meine lieben Freunde!

Gestern sprach ich Ihnen von einer Tatsache im Wesen des einzelnen Menschen, von einer Tatsache, die begründet ist in der gegensätzlichen Natur des oberen und des unteren Menschen, was eine Gleichgewichtslage ergibt, und wodurch erst die Möglichkeit der menschlichen Freiheit herbeigeführt wird. Wir haben gerade an diesem Beispiel wohl gesehen, wie anthroposophische Erkenntnis ihre bedeutsame Aufgabe für die Zukunft der Menschheit zu erfüllen hat, indem sie eben zu solchen Ergebnissen führt, die den Menschen aufklären über seine eigene Natur und Wesenheit, die es dem Menschen möglich machen, das "Erkenne dich selbst" zu einer Wirklichkeit zu gestalten.

Heute möchte ich Ihnen von einer Angelegenheit mehr der ganzen Menschheit sprechen, also nicht des einzelnen Menschen so sehr, als der ganzen Menschheit, und des einzelnen Menschen, in-

wir leben jetzt in der fünften Entwickelungs-Epoche; ihr werden zwei andere, eine sechste und eine siebente folgen.

Aus diesem Schema aber ersehen Sie, dass die Mitte der Erdenentwickelung hier in der Mitte der atlantischen Epoche liegt. Sodass die Erde bereits für unsere Gegenwart die Kulmination, die eigentliche Mitte ihrer Entwickelung, überschritten hat.

Sie müssen daraus ersehen, dass die Erde bereits in absteigender Entwickelung sich befindet. Wir haben also in unserer Zeit durchaus damit zu rechnen, dass die Erde in absteigender Entwickelung ist. Ich habe ja öfter darauf aufmerksam gemacht, dass das ja sogar mit den Ergebnissen der materialistischen Geologie heute durchaus übereinstimmt.

Eduard Süss macht in seinem Buche "Das Antlitz der Erde" darauf aufmerksam, dass die Schollen der Erde, auf denen wir heute herumtreten, eigentlich einer schon ersterbenden Erde angehören. Die Erde war sozusagen in ihrem mittleren Alter während der atlantischen Epoche; da war sie voll inneren Lebens. Da fand man auf der Erde nicht diejenigen Gebilde, die man heute als Gesteine findet, die zerbröckeln, sondern da fand man das Mineralische in dem Irdischen so tätig, wie heute das Mineralische etwa in einem tierischen Organismus tätig ist, wo es ja auch höchstens, wenn der tierische Organismus krank ist, in allerlei Ablagerungen sich ergibt. Wenn man aber den tierischen Organismus gesund hat, so bilden sich ja als Ablagerungen nur die Knochen etwa. Aber diese ha-

Zu dieser Ausgabe

Die Textfassung geht auf die Klartextnachschrift zurück, von der zwei maschinengeschriebene Anfertigungen (s. Faks. S. 8 und S. 42-43) vorliegen. Inhaltsangaben und Titel stammen vom Redakteur.

Der Vortrag ist auch in der Rudolf Steiner Gesamtausgabe (GA) erschienen: Rudolf Steiner, *Die menschliche Seele in ihrem Zusammenhang mit göttlich-geistigen Individualitäten. Die Verinnerlichung der Jahresfeste* (GA 224). Dort ist zu lesen (1992, S. 219): «*Textgrundlage:* Die Vorträge von Bern, Dornach und Berlin wurden von Helene Finckh (1883-1960) stenografiert und in Klartext übertragen.»

Die Bibelzitate folgen der Revidierten Luther-Bibel von 1984. Auf der Webseite der *Rudolf Steiner Ausgaben* findet der Leser beide genannten Nachschriften im vollen Umfang wiedergegeben.

Fachausdrücke der Geisteswissenschaft

Entwicklung von Erde und Mensch

7 planetarische Zustände der Erde:	1. Saturn-, 2. Sonnen-, 3. Monderde, 4. Erde (jetziger Planet), 5. Jupiter-, 6. Venus-, 7. Vulkanerde
7 geologische Zeiten der jetzigen Erde:	1. Polarische, 2. hyperboräische, 3. lemurische Erdenzeit 4. atlantische Erdenzeit 5. nachatlantische (die jetzige), 6., 7. Erdenzeit
7 Kulturperioden der «nachatlantischen» Zeit (je 2160 Jahre):	1. Indische, 2. persische, 3. ägypt.-chaldäische Kulturper. 4. griech.-römische Kulturperiode (747 v.–1413 n.Chr.); 5. unsere Kulturperiode (1413–3573 n.Chr.), 6., 7. Kulturper.

Das Wesen des Menschen

3 Körper-Hüllen:	1. Physischer Körper 2. Ätherischer Körper, Ätherleib, Bildekräfteleib 3. Astralischer Körper, Astralleib, Empfindungsleib
3 Seelen-Kräfte:	1. Empfindungsseele 2. Gemüts- oder Verstandesseele 3. Bewusstseinsseele
3 Geistes-Glieder:	1. Geistselbst (höheres Ich) 2. Lebensgeist 3. Geistesmensch
Aus 9 wird 7:	1. Physischer Leib, 2. Ätherleib, 3. Astralleib, 4. Ich, 5. Geistselbst, 6. Lebensgeist, 7. Geistesmensch

Dreiheit in Mensch und Welt

Geistige Wesen:	«Luzifer»	«Christus»	«Ahriman»
Evangelium:	Diabolos	Streben nach Gleich-gewicht	Satanas
Geistig:	Spiritualismus		Materialismus
Seelisch:	Schwärmerei		Pedanterie
Physisch:	Entzündung		Sklerose
Moralisch:	hemmend	fördernd	hemmend

Naturelemente

Ätherwelt:	Wärmeäther	Lichtäther	Ton-/Zahlenäther	Lebensäther
Phys. Welt:	Wärme	Luft	Wasser	Erde
Unternatur:	Schwerkraft	Elektrizität	Magnetismus	Atomkraft
Naturgeister:	Salamander	Sylphen	Undinen	Gnomen

Stufen der Einweihung

1. Imagination:	Bilder sehen – in der Akasha-Chronik (Ätherwelt)
2. Inspiration:	Worte hören – in der Seelenwelt (Astralwelt)
3. Intuition:	Wesen erkennen – in der geistigen Welt (Devachan)

Rudolf Steiner (1861-1925) ergänzt die moderne Naturwissenschaft durch eine umfassende Geisteswissenschaft, die Anthroposophie, die in der heutigen Kultur eine einzigartige Herausforderung zur Überwindung des Materialismus ist, der die Menschheit in den Untergang zu führen droht.

Die Anthroposophie hat ihre Fruchtbarkeit vor allem in der Erneuerung verschiedener Lebensbereiche gezeigt: der Erziehung, der Medizin, der Kunst, der Landwirtschaft. Der Wahrheitsgehalt der Geisteswissenschaft lag Rudolf Steiner ganz besonders am Herzen, weil er in ihm den Inspirations- und Kraftquell für alle äußere Tätigkeit sah.

Von den Vorträgen Rudolf Steiners sind Klartextübertragungen und Nachschriften unterschiedlicher Qualität erhalten. Die Vorträge lagen bis vor Kurzem überwiegend in einer stark bearbeiteten Fassung vor. Die ursprünglichen Klartextübertragungen, die zu Beginn des 21. Jahrhunderts der Öffentlichkeit zugänglich gemacht worden sind, machen es möglich, dem von Rudolf Steiner gesprochenen Wort näherzukommen.